Rimar y soñar

LIBROS PARA LEER, REÍR Y APRENDER

La Tierra es una pasada, de un desierto a una cascada

CARMEN GIL

ILUSTRACIONES SUBI

algar
editorial

El **volcán** es un dragón
imprevisible y gruñón.
Lanza rugidos y luego
por la boca escupe fuego.
Incluso el cielo tapiza
con sus nubes de ceniza.

Hoy el **mar** se balancea
al ritmo de la marea.
¡Qué fiesta hay bajo las olas!
Peces, pulpos, caracolas...
Todos nada que te nada
mientras canta un pez espada.

En la **cueva** siempre inverna
la bruja de la caverna.
Recorre todos los días
sus oscuras galerías
y tropieza, pobrecita,
con alguna estalagmita.

En **iceberg** va el pingüino
a casa de su vecino.
¡Parece un barco de hielo!
Pero no le gusta un pelo
que la nave se derrita
antes de hacer su visita.

¡Qué **oasis** en el **desierto**!
Ve el camello, boquiabierto,
que hay agua, sombra y verdor.
¡Se acabó el pasar calor!
Está hasta la coronilla
de tener que usar sombrilla.

En una **isla** desierta
un náufrago se despierta.
Pronto descubre, asombrado,
que hay agua por cualquier lado.
Y que, vaya donde vaya,
siempre acaba en una playa.

Salta el agua en la **cascada**
sin tener miedo de nada
y se tira, ¡qué proeza!,
todo el tiempo de cabeza,
en catarata o torrente,
riendo constantemente.

El **lago** es como un espejo.
En él miran su reflejo
desde el elefante al sapo,
que se ve requeteguapo.
Helado es bello paisaje
¡y pista de patinaje!

La **montaña**, en primavera,
luce blanca cabellera,
falda estampada con flores
de divertidos colores.
En el pie siempre conserva
su zapato verde hierba.

El **río** es una serpiente
nadando con la corriente
y viajando sin parar
de la **montaña** hasta el mar.
Todo el rato en movimiento,
¡no se está quieto un momento!

En la **playa**, como un pez,
me baño una y otra vez,
porque el agua está muy buena,
y me revuelco en la arena.
Un cangrejo anda de lado.
¡Caramba, qué complicado!

© Carmen Gil Martínez, 2015
© Ilustraciones: Joan Subirana Queralt, 2015
© Algar Editorial
   Polígono industrial 1 - 46600 Alzira
   www.algareditorial.com
Diseño: Pere Fuster
Impresión: Índice

1ª edición: octubre, 2015
ISBN: 978-84-9845-745-2
DL: V-1384-2015

MIXTO
Papel procedente de fuentes responsables
FSC® C111592